FIQUEI SURDO.

E AGORA?

COMO EU ME TORNEI REFERÊNCIA EM UMA COMUNIDADE DE DANÇA OUVINDO POUCO (OU QUASE NADA)

Esta obra é dedicada as mulheres mais importantes do meu Reino:

Ágatha, minha Princesa

Dona Marlene, minha Rainha

"Independente do que você esteja fazendo, VÁ E DANCE!"

(Mestre Zig)

O que Surdez, Dança e Persistência têm em comum?

Bora fazer uma viagem que começa nos anos 80, quando Almir De Souza Junior, o "Juninho", esse Negão que vos fala, estreou no mundo, saindo do ventre da Dona Marlene pra mostrar pra todo mundo que a gente pode ser o que quiser, mesmo sem apoio, sem "perfil", ou até mesmo sem ouvir.

Aliás, meu nome não é Jhonny, tá?

Eu SOU o Jhonny.

Vamo que vamos!
É apenas parte do processo.

Prefácio por Mariana Lima

"Sou Mariana Lima, intérprete de Libras. Essa profissão me traz muitos privilégios, como, o de cruzar com pessoas incríveis. As vezes pessoas pensam que os famosos fazem minha cabeça. Mas aqueles que fazem meu coração, são, de fato, aqueles que poucos veem.

Tive a honra de interpretar pro Jhonny no "Conexões sonoras". Eu não o conhecia, mas lógico, já tinha reparado. (Não tem como não repará-lo hahaha!). Estava eu, vestida formalmente, em "pose de intérprete." Olhando para o público que aguardava a fala conseguinte à tradução. De repente, surge uma voz no meu retorno. Uma voz feliz. Uma voz forte no sentido de poder. De "eu sei quem sou e o que quero". Eu precisei olhar. Era ele. Fascinante. Um equilíbrio entre tom, voz e expressão, únicos! Um jeito espetacular de lidar com pessoas e olhares. "Profissional", pensei. Terminei meu trabalho extasiada com a história desse menino, e fui embora após finalizar. Não nos vimos. Porém a internet nos fez um. E hoje somos casados. Brincadeira. Pude conhecer através das redes sociais a pessoa de coração mais inimaginavelmente lindo. Que pessoa.

Que ser humano. Que delicadeza, destreza, sagacidade, simplicidade, inteligência e humildade. Jhonny, surdinho, pretinho mais amado do Brasil, é uma pessoa indecifrável. Não consigo expressar quem ele é. Mas pude tentar expressar um pouco da emoção que é vê-lo! Por mais que estejamos longe (RJ-SP) ele é uma das pessoas que mais sinto perto."

Mariana Lima – Intérprete de Libras

SUMÁRIO

01 – CHEGUEI, MUNDO!

Rio de Janeiro,31 de agosto de 1980.

São João de Meriti.

As 17:30 de um Domingo do último dia de agosto, famoso mês do desgosto, Dona Marlene estava parindo o Virginiano mais chato e persistente do planeta.

Minha estreia no palco da vida foi com Pneumonia. Sim, já cheguei chegando doente. Nada que uns dias a mais na maternidade não resolvessem.

Infância igual a de toda criança preta na época, mas com um diferencial: Dona Marlene fazia questão que eu estudasse em uma escola católica e particular. E assim foi. Acredito que ali que foi moldada, na inocência, minha sensibilidade em relação às pessoas. Como criança, eu não enxergava preconceito nos outros, até o dia que fui acusado de "roubar o lápis do amiguinho da sala" sem motivo aparente. Mas o primeiro apontado foi eu.

Mas isso aqui não é para falar sobre preconceito não, viu?

É pra falar de luta. De vitórias. De amor. De alegria. Alegria essa que foi nascendo quando me mudei para uma comunidade na Zona Norte do Rio de Janeiro (**Suvaco do Bode** era o nome da comunidade, escrito com a letra "U" mesmo, acreditem!) em um momento onde o dinheiro da família baixou e tivemos que entregar a casa que morávamos de aluguel no "asfalto".

Por que eu digo que a alegria "nasceu" quando eu fui para a comunidade?

Porque foi ali que me encontrei.

Foi ali que eu me sentia à vontade com crianças "iguais a mim". Foi ali, com os pés sujos de lama e fazendo fama como o melhor goleiro do **MARACA BODE** (Um Campo de futebol de barro improvisado no alto do morro) que tive contato com algo que iria me perseguir para o resto da vida: A Dança.

Cirlene, o nome dela. Me deixava doido. Filha do Saudoso "Seu Bacana" (Que Deus o tenha) que tinha uma venda na favela.

Eu já tinha até me apresentado na Escola dançando Lambada, mas nada era igual a quando eu dançava com essa menina. Foi meu primeiro par na dança. Ela me permitia, confiava em mim como parceiro dela nas coreografias (mal feitas e sem técnica alguma) que simplesmente copiávamos dos artistas que víamos na televisão. (Leia-se Sidney Magal, Beto Barbosa, O Ballet do Kaoma, Carlinhos de Jesus...)

Mas foi só isso.

Não passou disso.

Foi um amor não correspondido que só foi esquecido após o momento mais tenso da minha vida: Ficar surdo de forma repentina.

E isso FU%&* a PO&¨$ toda, SAMERDA. (OU NÃO!)

02 – LAMBADA

"Olha lá aquele moleque da Travessa Tiradentes que fica rebolando junto com as outras meninas da favela!"

Assim eu era reconhecido pelos garotos do "Movimento", como eram chamados os meninos envolvidos com tráficos de drogas na comunidade. Eram jovens na faixa de 15-25 anos. Normalmente não passavam dos 20. Talvez, se eles tivessem optado por rebolar igual ao moleque da Travessa Tiradentes, talvez ainda estivessem vivos...

A primeira vez que bati o olho na Lambada foi no Fantástico, Domingo a Noite, programa visto por todos na época. Lembro que o programa transmitia clipes de música esporadicamente. Eram Clipes Internacionais, na maioria das vezes (Não tínhamos acesso a MTV na época) e eu ficava preso a televisão pra ver, sempre gostei de acompanhar clipes musicais. Mas aquele vídeo que ia ficar marcado era brasileiro.

E ficou.

Aquela mulher com uma voz tão forte, me chamando pra Dançar, Dançar... E todos, repito, TODOS no vídeo dançando de alguma forma, seja mexendo o ombro, tentando mexer os quadris de forma ritmada pra lá e pra cá, cada um ao seu jeito, com um sorrisão na cara. Lembro que vi meus pais batendo os pés no chão, acompanhando a instrumental música...

Até que eu vi aquele garotinho, pequenino, dançando com uma menina maior que ele. Magrinho. Preto. Leve. Parecia uma pena flutuando. Uma Maria Mole de tão mole que ele era. Eu me senti representado por aquele garoto. Quase em transe, observando o meu "igual", me vem aquela voz da Loalwa Braz, a DIVA vocalista da Banda KAOMA, que me desconcerta de vez:

"O calor pra sentir / Lamba te colorir
Tua força sair / Na certeza de ser
De poder dividir / De poder melhorar
Lambamor que chegou / Um momento de amar...

Era comigo que ela falava. Estava ali, com os olhos arregalados, concentrado, me imaginando naquele grupo, dançando, liberto de amarras ou de qualquer julgamento, sendo EU. Eu sempre quis ser Artista. Cresci com meu Pai dizendo que sabia tocar Instrumentos de Sopro (Mas nunca o vi fazendo isso) e minha mãe cantarolando Alcione, Jovelina Pérola Negra, Maria Bethânia, Beth Carvalho, Leci Brandão, Elson do Forrogode, Rei Roberto. Mesmo sem saber, meus pais injetaram a Arte em mim. Eu ficava encantado quando via minha mãe sambando. Ela causava inveja. Dona Marlene era única sambando.

E eu queria contribuir com a Arte para o mundo. Só não sabia como. Este Clipe do Kaoma foi o gatilho, o "Start".

Não demorou muito e após o clipe ser transmitido, qualquer festinha na comunidade passou a ter os famosos "Concursos de Lambada". Eu demorei muito a participar de algum, vergonha de fazer errado, de pisar no pé de alguém, de ser criticado, de virar motivo de piada na favela. Mas, como dizem, "o que tem que ser, será..."

Na escola em que eu estudava, Instituto Santo Antônio, na Pavuna, Zona Norte do Rio, os alunos tinham que fazer apresentações. Eram vários temas, Teatro, Pintura, e... Dança. Eu escolhi dança pelo fato de, no mural que tinha a informação e a opção de escolher a modalidade, tinha uma foto do Michael Jackson. Mas aí... Primeiro dia de ensaio. A Professora disse: Seu par vai ser a Priscila!

Eu sempre fui uma criança tímida. Não respondia pessoas mais velhas, apenas acenava com a cabeça. Eu era muito caladão. Foi o que fiz. Acenei positivamente com a cabeça. Eu era o único menino que não reclamou e aceitou de cara. Todos os outros foram obrigados a dançar... Lambada.

E foi graças a isso que, pela primeira vez na vida, Juninho subia no palco com seus óculos fundo de garrafa, um blusão amarelo, bermudinha branca e tênis bamba branco, e vira o destaque da festinha da escola.

Confesso que adorei aquelas pessoas olhando pra mim quando eu desci do palco, ser o centro das atenções mexeu comigo, só não imaginava que uma moradora da comunidade também estaria na escola no dia. Em poucos dias, toda a favela já tinha apelidado o Juninho de Rei da Lambada do Suvaco do Bode. (Sim, era um apelido estranho.)

E eu tava amando samerda, véi!

Qualquer festinha, era fila pra dançar com o Juninho. Até que um dia dancei com a Cirlene, e meio que viramos a dupla "Oficial" da Lambada no Suvaco Do Bode. Éramos os "Artistas". E foi aí que eu tive mais certeza sobre o que eu seria na vida:

Dançarino. Não necessariamente de uma modalidade de Dança a Dois. Mas eu queria era dançar.

Na nossa casinha, nosso despertador sempre foi música. Rara as vezes que acordávamos com o som do despertador, ele sempre estava programado para ligar em alguma rádio. Certeza que isso contribuiu fortemente no meu gosto musical e me tornou uma pessoa eclética. Afinal, eu acordava com Zeca Pagodinho, passando por Shana (I'm falling, slowly in love with you), Chitãozinho & Xororó, Ritchie, Lulu Santos, Xuxa (Rainha Sempre), Engenheiros do Hawaí, Marina, Sandra de Sá, até New Kids On The Block.

Eu acho que eu tive muita sorte em ter tido tempo de ouvir músicas de qualidade, com conteúdo e contação de histórias. Até porque não sabia que, mais pra frente, talvez a música, em sua totalidade, não seria mais ouvida perfeitamente por mim.

03 – BAQUE DO SILÊNCIO

Chegamos em fevereiro de 1990. 10 anos de idade. Tinha tudo para ser mais uma manhã como todas as outras. Acordei com o rádio ligando, não lembro em qual emissora. Como o despertador ligava com o rádio, era rotineiro acordar ouvindo música.

Eu estudava de manhã e minha mãe trabalhava, era uma tradição.

Até aí, tudo bem.
Quando acordei, tocava "Era um garoto que como eu amava os Beatles e os Rollings Stones", na versão dos Engenheiros do Havaí, e em seguida, a última música que eu iria escutar perfeitamente na vida:

"Ao Mestre Com Carinho", versão na voz do extinto grupo "Os Abelhudos". Uma semana antes me recuperei de uma Caxumba, na verdade eu não estava 100%, mas já estava indo à escola, então estava vivendo normalmente.

Até esse dia em que a minha audição começou a diminuir, exatamente no refrão da música:

Ao mestre com carinho – Os Abelhudos

Tudo parou na última frase do refrão. Silêncio total. Inocentemente assustado, não aceitei isso em um primeiro momento. Pensei:

- O rádio ficou ruim justamente agora?

Levantei do sofá, dei benção a minha mãe (Morávamos em uma casa bem pequena, não tinha como ela não me ouvir) e ela não respondia. Olhei para a minha mãe. Só via a boca dela se mexendo.

Nada de som.

Pela expressão facial dela, ela estava cantando. Mas eu não conseguia identificar o que especificamente minha mãe cantava. Foi aí que eu percebi que tinha algo errado.

"Mãe, eu não tô te escutando, mãe."

Como era aquela fase que qualquer coisinha era desculpinha pra não ir para a escola, em um primeiro momento, ela não levava a sério. Mas Mãe é Mãe, né? Ela percebeu que tinha algo de errado pelo simples fato de eu começar a chorar a ponto de soluçar, o que eu não fazia com frequência.

O desespero começa.

Ninguém estava entendendo nada. Meu pai não acreditava, achava que era alguma birra, teimosia, coisas de criança. Na verdade, acho que meu pai faleceu sem acreditar que eu perdi a audição.

Minha mãe me levou ao médico no mesmo dia. Foi correria. Lembro que saímos de casa de manhã e só voltamos a noite. Pulamos de médicos para médicos, bairros para bairros, ninguém sabia o que aconteceu, ninguém sabia explicar.

Pediatras, Otorrinos, até em farmácias minha mãe entrava para pedir informações.

Até que conseguimos ser encaixados em um Fonoaudiólogo, que não me lembro o nome, me enfiou dentro de uma cabine, me colocou um fone de ouvido grande, que apertou minha orelhinha e a única coisa que me lembro foi de ter escutado alguns apitos, bem baixinhos e abafados, quase inaudíveis. Curioso é que escutar aqueles barulhinhos, bem baixinhos, me davam um certo conforto por estar "ouvindo" algo.

Mas eu estava enganado.

Chegamos a uma nomenclatura:

Surdez neurossensorial bilateral severa a profunda por sequela de caxumba, apesar de até hoje eu não ter certeza se a caxumba realmente me deixou essa sequela.

Mas isso não importava mais: Era irreversível. Eu não ia voltar a escutar, ponto.

Se iniciava uma nova vida na minha vida. E o sonho de ser um dançarino entrava pelo ralo. (Ou NÃO.)

Se tinha algo que, definitivamente, eu não esperava, era perder a audição. Não existia possibilidade alguma de pensar nisso. Afinal, junto com o amor pela música, ainda existia um sonho pessoal: Ser Bombeiro. No Brasil, até o momento, nunca conheci um bombeiro com Surdez Profunda.

Lembro que uma vez, já adulto, minha mãe comentou comigo que eu dizia que queria ser bombeiro, para resgatar pessoas, antes de eu perder a audição. Aí ela rebatia, dizendo que bombeiro precisa encarar o fogo (já disse que eu era meio medroso? Não? Então...) aí eu afirmava com firmeza:

Então serei motorista de caminhão de bombeiro!

Mas a realidade era outra. A audição ficou no passado. O Foco era, única e exclusivamente, o futuro. Fico tentando imaginar como estava a cabeça de minha mãe neste momento. Sempre me protegeu, mesmo tendo nada fez o possível e impossível para eu ter tudo...

Mas e Agora? O que fazer?

04 – E AGORA?

Era necessário tocar a vida. Andar pra frente. Os tempos mudaram, o despertador não era mais música, era minha mãe me acordando cutucando, e eu abrindo os olhos e vendo ela chorando. Foi assim por meses. Ela, católica fervorosa, acreditava que tinha feito algo de errado. Mas não: Era apenas parte do processo.

Nossa rotina, após o dia que perdi a audição, ficou extremamente agitada. Início dos anos 90, não tínhamos recursos financeiros para viajar de ônibus pra lá e pra cá, nem sabia o que era internet, então, juntando isso, a falta de dinheiro, não ter informação e ter pouco acesso a mesma fez com que demorássemos a conhecer o INES (Instituto nacional de Educação de Surdos), referência no assunto. Um pediatra, se não me engano, orientou a minha mãe a me levar lá, onde ela poderia receber orientações de como lidar comigo nesta nova fase.

Lá tive o primeiro contato visual com LIBRAS (Língua Brasileira de Sinais). Nunca na vida tinha visto pessoas se comunicando em LIBRAS, e as expressões faciais e corporais me chamavam muita atenção. Eu fiquei encantado vendo as pessoas se comunicando em silêncio.

Uma senhora atendeu minha mãe, acho que era diretora, ou alguma autoridade no INES. Não me lembro. Lembro que ela foi a primeira pessoa a tranquilizar a minha mãe, mesmo depois de ter passado por tantos médicos. Minha mãe queria, de imediato, me matricular no Instituto, porém, chegaram a um consenso, já que eu era culturalmente envolvido com a comunidade ouvinte e tinha uma perda recente, logo, a memória auditiva ainda estava ali, intacta. Fizemos uma nova Audiometria, dessa vez voltada para o uso de aparelhos auditivos.

A intenção era estimular meu cérebro a continuar "ouvindo". Se não desse certo, as portas do Instituto estariam abertas para mim.

Obter um aparelho auditivo era praticamente impossível nos anos 90, de forma gratuita. Era algo "novo" no Brasil, não existiam muitas lojas especializadas, e os preços eram, digamos, impossíveis para quem recebia salário mínimo na época (que era o caso de minha mãe e meu pai).

Meu pai conseguiu apoio financeiro da empresa e compraram meu primeiro aparelho auditivo: Um Trambolho gigante que entortou minha orelha, mas pelo menos funcionava. Era um som horrível. Nunca que chegaria perto de um som natural. Dava microfonia se eu abraçasse alguém. O molde, que prende na orelha, era de acrílico: Não apenas incomodava no dia a dia como machucava minha orelha.

Mas era o que tinha. Era pegar ou largar (e muitas, muitas vezes eu larguei o aparelho auditivo pela casa.)

A mesma senhora do INES nos indicou uma Fonoaudióloga, que foi como uma fada madrinha tanto para mim quanto para minha mãe. Me ensinou a fazer leitura labial, orientou minha mãe a me levar em psicólogos (Afinal, estava um momento Pós Trauma, né?) e a partir daí minha comunicação com ouvintes deu uma leve "melhorada" (mas bem leve, muito, muito leve mesmo!) A leitura labial foi um divisor de águas na minha vida.

De rei da lambada ao monstrinho da favela. Pelo menos na comunidade eu nunca sofri Bullying (se eu sofri, nunca ouvi.) As crianças simplesmente se afastaram. Mas não acredito que foi por causa da surdez, e sim, pelo efeito que a surdez causou: Eu não conseguia ser ativo, participar das brincadeiras. Era a época da bagunça, crianças gritando na rua, e eu era uma criança muito falante antes do trauma. A sensação de falar o Português sem ouvir a própria voz após 10 anos ouvindo normalmente é de estar falando sozinho. Quando comecei a usar o Aparelho, eu voltei a ser o centro das atenções, mas era pelo aparelho auditivo na orelha, que na época era muito, muito grande.

Naturalmente, fui desenvolvendo cada vez menos vontade de ir para rua. Apenas um ou dois amigos tentavam entender minha surdez, sendo um deles o Carlos Jordan, pessoa que mantenho contato até hoje e posso dizer com louvor que é um amigo de infância de mais de 30 anos.

Foi com ele que desenvolvi um gosto pela leitura, principalmente por revistas em quadrinhos. Talvez ele não saiba, mas as revistas em quadrinhos me ajudaram a não enlouquecer dentro de casa.

Obrigado, Carlinhos! Você foi essencial!

Após alguns meses longe da escola, dessa vez matriculado em uma escola pública, começaram os problemas, tentando retornar a vida normal: Eu não era mais o mesmo. Meu rendimento caiu, muito. Os professores se movimentavam pela sala, eu não conseguia ler os lábios, não conseguia participar de nada, não consegui entender nada o que a professora de matemática falava, a ponto dela dizer para a minha mãe uma vez que eu era preguiçoso e me fingia de surdo, enfim, a escola não estava preparada. O Diretor da escola reconheceu isso.

Fui matriculado em uma outra escola, que tinha uma "Sala de reforço". Era uma sala que recebia os alunos fora do horário de aulas, mas era focada em alunos com deficiência. Eram vários tipos de deficiência, não apenas surdez, apesar da surdez ser a maioria na sala. E foi exatamente ali que, na marra, sem saber, desenvolvi algo que ninguém vai tirar de mim: Empatia.

Dona Wilma era a nossa professora. Não sabia conversar em LIBRAS, e mesmo assim, se virava para ajudar surdos sinalizados nas suas dificuldades de aprendizado na escola. E te falar, nós éramos bagunceiros. Sim, demais. Ela sofria com a gente, tadinha.

Foi nessa turma que eu convivi com pessoas que eram surdas a mais tempo que eu. Aprendi com cada amiguinho e amiguinha ali os macetes da vida de um surdo, dicas de como me virar em determinadas situações sem ouvir. Eu finalmente estava em um lugar onde me sentia, novamente, um "igual".

E, foi nessa turminha, na Escola Municipal Professor Carneiro Felipe, em Marechal Hermes, que o Ex-Rei da lambada é apresentado a uma nova modalidade de dança, desta vez solo, que desenvolveu em mim duas coisas que eu tinha perdido após a surdez: Confiança e Independência.

Fiz uma turnê de apresentações de Sapateado com surdos, aprendi as contagens com a Dona Wilma, mas legendando a coreografia com Palavras curtas e monossilábicas (Pá, Pá, Pá, por exemplo) e reproduzia coreografias de sapateado sem ouvir nada (convivendo com surdos sinalizados eu desenvolvi , durante um tempo, o hábito de ficar sem aparelho auditivo quando estava com eles.), apenas sentindo, pela sola do pé, algo que, anos mais tarde, seria essencial no meu trabalho como coreógrafo:

A Vibração.

Então percebi: A gente pode até se afastar da arte, mas a arte não sai do nosso sangue. NUNCA.

05 – DONA MARLENE

Que fique claro que este capítulo eu vou exaltar a minha mãe. E ponto.

Dona Marlene fez milagre. Eu tinha tudo pra dar errado ainda na pré adolescência. Um baita trauma físico (surdez), dois traumas psicológicos (familiar) e o ambiente em que eu morava era propício para eu me envolver com o tráfico. Mas ela estava lá. Quando não estava de olho em mim, estava peitando bandido que tentava chegar perto de mim.

Quando eu perdi a audição, ela ficou aflita. Dava para sentir tristeza emanando dela. Mas ela não desistiu em momento algum. Seja com a religião dela, com a força de vontade de correr atrás de tratamentos, de fazer viagens mesmo com pouco recurso financeiro para tentar exames em lugares diferentes, e conseguia. Tinha uma esperança de que, um dia, isso iria passar e eu ia voltar a ouvir. Na hora certa ela aceitou, e seguimos em frente. Era o que devia ser feito.

Essa esperança, essa força de vontade e foco no objetivo que me fizeram estar aqui, vivo. A super proteção dela no período pós surdez foi essencial. Talvez eu não estaria são. Talvez não. Mas a maior certeza que eu tenho é que ela minimizou isso.

E sem apoio, tendo em vista que meu pai não aguentou. Mas ele não está mais presente neste plano astral e não seria justo falar sobre ele.

Vivendo juntos, eu e minha mãe tivemos problemas em relação à moradia: Temos uma história de ódio com chuvas e enchentes, temos três no currículo, e nas três tivemos prejuízo. A primeira enchente, exatamente no Suvaco Do Bode, fez com que perdêssemos tudo a ponto de irmos morar de favor na casa de amigos.

Pulamos de casa de amigos, de familiares, até, enfim, fixamos moradia com uma pessoa que iria ser importantíssimo em nossas vidas: Meu Tio Jorge que hoje descansa em sono eterno. Nos acolheu nos anos 90. E nos deu um ânimo após a enchente. E não apenas isso: Também fazia o possível para aumentar minha autoestima, e fazia o possível para eu não deixar morrer minha veia artística.

Mas tudo isso aconteceu graças a Dona Marlene, que lá atrás, na sua infância, adolescência e fase adulta, fez o possível para manter usa integridade, lealdade e bom convívio com os seus irmãos. Afinal, a gente não sabe o dia de amanhã. Minha mãe também não sabia.

Algumas mudanças, de bairro em bairro, e em 1999 fixamos moradia em Coelho Neto, também na Zona Norte do Rio. Foi exatamente ali que iria voltar a ter contato frequente com a Arte.

Durante a gravação para o episódio que participei do projeto #SurdosQueOuvem, da Paula Pfeiffer, em um determinado momento da entrevista, em que conversamos sobre gostos musicais, mas não foi ao ar na edição final. Comecei a falar sobre meu fanatismo por Boybands.

Em um momento a Paulinha mandou assim: Mas você é MUITO Anos 90, né, Jhonny?

Eu respondi: - SOU MESMO!

Os anos 90 estavam presentes no meu "retorno" à arte. Era muito mais que um estilo de vida: Era um renascimento.

E as Boybands de sucesso na época ajudaram muito na criação do Jhonny, que futuramente seria o Dançarino de Lambaeróbica com uma presença de palco diferenciada, e não apenas um dançarino que usava aparelho auditivo.

06 – BOYBANDS

1997. Era um período em que estávamos morando com o Tio Jorge, e ele era muito ligado em tecnologia, mesmo sem saber mexer direito nos aparelhos que tinha.

Eu ainda estava em uma fase reclusa, a rotina era sempre a mesma: Casa - escola, escola- casa e nos fins de semana, ficava dentro de casa, no máximo, sentava no portão e via as pessoas passando na rua.

Até que, um dia chuvoso, um amigo do meu tio levou um monte de Fitas VHS para nossa casa, e uma dessas fitas me chamou muita atenção. Tinha 5 adolescentes na capa da fita fazendo cara de mau, de Bad Boy. Eu coloquei a fita pra rodar no Videocassete, mesmo sabendo que não ia entender nada.

Mas algo me dizia que eu apenas precisava ver.

Era uma fita com vários Clipes. Começou a rodar, estava gravado por cima de alguma novela. O clipe se passava em uma quadra de basquete. Até aí, tranquilo. Mas eu não me identificava com nada nem ninguém no clipe: Eu não jogava Basquete, eu não usava aquelas roupas "estilosas" no máximo era short, chinelo e sem camisa dentro de casa...

Até que apareceu um rapaz no Clipe com cara de maluco. Ele usava um cordão agarrado no pescoço de uma forma que parecia uma coleira. Ele fazia uma expressão de ódio nos segundos que a câmera focava no rosto dele. Eu não consegui ler os lábios no primeiro momento, mas sabia o que significava a palavra "Baby", então consegui identificar e ler os lábios desse rapaz, voltando a fita várias e várias vezes, até entender.

E, quando entendi o que ele disse, eu buguei:

"Baby, baby!"
Quit Playing Games (With My Heart) – Backstreet Boys

Se o cara estava falando de amor, estava tentando ser romântico, por que diabos ele fazia aquela cara de "quero matar alguém"? Comecei a pesquisar, e pesquisar. Com poucos recursos que tinha na época, já que não tínhamos internet. Aí comecei a ver informações sobre esses garotos em tudo quanto é canto:

Nas locadoras de fita VHS tinha shows deles para alugar, se eu passasse no jornaleiro, tinha revistas com fotos deles. Nos VHS alugados, eu olhava a performance deles no palco, mas tinha um em especial que me ajudou a me soltar como pessoa. Como artista. A eu aceitar que eu não era "padrão", normal, e passar a ser eu mesmo.

O nome dele era A.J., e Ele era doido varrido. Não parava quieto no palco, nos vídeos, se vestia como "Moleque da favela", mas cheio de estilo. Cordão de prata, brincos de argola. Não que eu queria ser igual a ele, mas ele fez eu acreditar que eu podia ser eu mesmo. Paralelo a isso a forma de andar, a expressão corporal e facial me despertava a curiosidade de tentar entender tudo, absolutamente tudo, o que ele falava.

E foi graças a isso que comecei a dar um passo absurdo na questão entendimento de palavras.

Essa música do clipe da quadra de basquete foi o start. Na época não tínhamos acesso a informações com a velocidade que temos hoje, mas eu precisava, de alguma forma, ler a letra daquela música. Até que, uns dois meses depois que vi o clipe pela primeira vez, consegui ter acesso ao primeiro CD dos Backstreet Boys, que tinha as letras das músicas escritas.

Mesmo sem saber inglês, eu lia, do meu jeitinho, a letra da música.

Não estava preocupado com o som. Sempre via os clipes com o volume da televisão desligado. Eu apenas queria ter acesso à informação. Queria captar a mensagem que eles passavam quando o clipe rodava. Eu revezava em olhar para o Clipe e a letra da música escrita no encarte do CD. E estava realizado, feliz com isso. Até que um dia eu iria me surpreender:

Um dia, chegando da escola, fiz a rotina de sempre: Troquei de roupa, comi alguma coisa, e estava indo ver, pela milésima vez, os clipes da Boyband que eu gosto.

Só que, neste dia, eu "esqueci" de tirar o Aparelho auditivo da orelha. E o volume da televisão estava alto. Aí que veio a surpresa que iria mudar a forma como essa Boyband em específico ia fazer parte da minha vida:

Entendi perfeitamente estas duas palavras do começo da música, sem precisar ler a letra:

" – Even in..."

Meus olhos arregalaram. Eu entendi duas palavras sem precisar fazer leitura labial. Por mais que neste momento do vídeo fosse possível fazer leitura labial dos lábios de Brian, um dos vocalistas, eu não fixava a atenção na tela da TV. O fato de ler a letra da música todo santo dia e de essas exatas duas palavras, terem a pronuncia parecida com o

Português, fizeram com que eu entendesse APENAS essas duas palavras iniciais.

Isso mudou tudo. Aí pronto. Passei a ler tudo quanto era tipo de letra de música. Eu precisava entender mais e mais. Eu tinha 17 anos e estava igual a um pinto no lixo, como se tivesse descoberto algo novo. E, sim, era algo novo, era música com som metalizado, robótico, diferente, mas pelo menos eu estava entendendo.

Mas o foco era APENAS as letras de música. Eu ainda não conseguia unir as informações letra de música + instrumental, batidas. Era muita coisa e toda noite eu ficava com dor de cabeça. Até que ganhei um CD que tinha uma faixa que era apenas a Instrumental da música da quadra de basquete. E a memória auditiva que eu ainda tinha arquivada me ajudou a compreender as instrumentais. Mas ainda não sabia como dançar SOZINHO. E eu PRECISAVA voltar a dançar. Eu tinha a necessidade de ter segurança para dançar "em cima da batida", mas não conseguia fazer isso sozinho. Então, optei por continuar vendo clipes e mais clipes de Boybands diversas, que influenciaram no meu estilo de se vestir, de andar, de respirar, de viver.

Até hoje, sou Fá assumido dos caras do Backstreet Boys, em especial, Alexander James Mclean, o A.J. (Almir Junior? Coincidência!) e cada música deles soa para mim como se estivessem tocando pela primeira vez, todo santo dia.

Bem anos 90.

Em um desses momentos que eu ficava sentado no portão do prédio, estou lá, tranquilo, lendo uma revista qualquer, quando, de longe, em minha direção, via um rapaz andando de uma forma que eu já tinha visto antes. Mas como ele estava longe, não conseguia reconhece-lo.

Mas a verdade era que eu não o conhecia.

Era um cara que morava nos conjuntos de prédios ao lado do que eu morava, na Fazenda Botafogo, também em Coelho Neto.

Chamavam ele de maluco, pela forma que ele se vestia. Mas fui descobrir depois quando vi um grupo de meninas suspirando quando ele passou: Ele fazia Cover do... A.J. dos Backstreet Boys. E sim, era MUITO parecido. Só que eu era uma pessoa muito tímida e avessa a fazer amizades. Talvez seria a vergonha de ter que explicar para as pessoas que eu não escutava direito, que tinha que fazer leitura labial, etc etc etc...

Mas o que eu menos esperava era que seria exatamente esse rapaz que se vestia igual a um maluco achando que era o A.J. no meio da rua, me ajudaria a me libertar das amarras que existia dentro de mim mesmo, e fazer com que eu jogasse para o espaço a timidez, virando a pessoa mais cara de pau do planeta.

07 – LAMBAERÓBICA

1999. 19 anos de idade, primeiro emprego em uma distribuidora de medicamentos. Trabalhando com vários surdos, reencontrei alguns que estudaram comigo na época do sapateado. Trabalho braçal, mas eu fazia o meu dinheirinho. Dinheirinho esse que me deu autonomia para algumas coisas típicas de Jovens, menos uma delas:

Ir para balada.

Eu nem cogitava essa ideia de sair, ir a alguma discoteca, festa, algo parecido. Lugar cheio, escuro, onde o aparelho auditivo iria me dar apenas dor de cabeça e eu não ia conseguir ler os lábios de ninguém? Prefiro ficar em casa mesmo vendo meus clipes!

Até que um vizinho do meu prédio me convenceu a conhecer uma festinha de rua que acontecia todo fim de semana na Fazenda Botafogo, em Coelho Neto. E meu vizinho acertou: era um local aberto, iluminação farta, e ele ainda me disse: O som é muito alto, se você acha que vai te incomodar, tira o aparelho. E foi ali que tive meu primeiro contato amplificadores de som profissionais, aquelas caixas que tremiam de tão altas que eram.

Como o surdo é muito ligado no visual, e as caixas de som altas pra cacete, e sem aparelho, eu consegui escutar as instrumentais bem baixinho, quase inaudível, mas aí eu percebi: a cada instrumental "baixinha", a caixa de som vibrava de acordo com o tempo de cada instrumental/batida. Visualmente, Juntei as informações e comecei a bater o pé no chão ritmadamente de acordo com a vibração que eu via da caixa de som. Parado eu não ficava de jeito nenhum.

Mais a frente, tinha um grupo de umas 10 pessoas fazendo passos marcados. Uma delas era aquele cara fantasiado de A.J. na verdade, era ele rodeado de várias meninas, que seguiam ele aonde quer que ele fosse.

Eu observava cada passo que o grupo fazia. Voltei a juntar as informações. A pessoa pisava no chão em determinado passo, a caixa de som vibrava. Eu olhava rapidamente a coreografia e a caixa de som vibrando. Percebi que algumas pessoas, mesmo ouvindo, se atrasavam, ou se adiantavam no "timming" da vibração (eu estava sem aparelho, né?) e, como eram passos repetitivos, em questão de minutos e estava fazendo algo que anos não fazia:

Eu estava dançando sozinho.

Meu vizinho, que estava comigo, não ligava pra dança, ele queria apenas ver as meninas e tomar o refrigerante dele, e tirar onda escondido da mãe com o cigarro que pegou do maço do pai escondido. Era ele parado de um lado e eu me acabando dançando do outro, sempre de olho naquele grupinho ali, de longe, no passinho que mais tarde fui saber que se chamava "Charme".

Dei uma parada, precisava descansar, quando de repente o "A.J. Fake" vem em minha direção, e como é costume entre os ouvintes conversando em locais com som alto, ele chega perto de mim, pede pra apertar minha mão e me vem falando algo na orelha. Logo ele foi interrompido pelo meu vizinho:

"- Ele é Surdo, maluco! Vai falar na orelha dele pra quê?"

O A.J. da Fazenda Botafogo respondeu:

"- Para de Caô, mané! Se ele é Surdo, como é que ele tá dançando?"

Naquela hora eu não estava entendendo nada, coloquei o aparelho e fomos conversar em um local distante das caixas de som. Neste momento, já tínhamos explicado para o rapaz que eu não ouvia direito, etc e etc...

O nome dele era Junior também. Papo vai, papo vem, ele era Instrutor de dança na região, além de Cover dos Backstreet Boys. Estava, neste período, conhecendo uma nova modalidade de dança que estava em crescendo no mercado na época, e me convidou para ver uns ensaios que ele fazia com os amigos.

Chegando no ensaio, eu, magrinho, raquítico, vendo um monte de homem forte, de musculação, rebolando com shortinhos de lycra.

Eu não sabia onde enfiar a cara. Até que Junior disse o seguinte: cara, eu não consigo dançar com esses shortinhos, mas tô querendo aprender a dançar lambaeróbica pra dar aulas. Bora ensaiar, sem compromisso? A gente não precisa usar esses shortinhos aí não.

Não demorou nem 3 meses e nesse período eu e Junior viramos uma dupla inseparável, até porque tínhamos o mesmo objetivo: Disseminar a arte da dança. A esse período eu já tinha contado com detalhes toda minha história e envolvimento com dança para o Junior, porque ele falava a mesma língua que eu.

O primeiro grupo de Lambaeróbica que entramos juntos foi o "Impacto". Na verdade, não era apenas um grupo, era um coletivo com mais de 30 pessoas. Em uma das inúmeras reuniões que fazíamos, que normalmente não chegava lugar nenhum, teve uma que ficou marcada. No grupo, tínhamos 3 ou 4 pessoas com o nome "Júnior". Eu tinha acabado de chegar no grupo, e o Junior "A.J." já era conhecido na região.

Nessa reunião, alguém estava falando sobre um personagem de novela que fez sucesso um ano antes, em 1998. "Johnny Percebe", interpretado pelo Ator Oscar Magrini. Sinceramente, não lembro por qual exato motivo me deram esse apelido, acho que em algum momento eu falei a palavra "Percebe" e remeteram a este personagem, mas a partir do dia seguinte a esta reunião, eu passei a ser chamado de Johnny. Posteriormente, passei a escrever "Jhonny". E assim ficou. O fato é: Combinou.

Nascia o Jhonny "Nescau". Sim, foi meu primeiro nome artístico: Jhonny Nescau.

Eu e Júnior começamos a ter alguns probleminhas com o Coletivo Impacto. Éramos os únicos maiores de idade do grupo, a gente sabia que queria voar na arte, se jogar. Quando percebemos que iriamos ter problemas, Nos juntamos a um grupo que estava sendo criado no mesmo bairro, porém, com menos pessoas e todos maiores de idade: O Charme Swing.

E foi aí que decolamos. Passamos a nos apresentar em outros bairros. Estados. E com evolução, brigas, desentendimentos. Separações, mais brigas, relacionamentos dentro do grupo, entra e sai de integrantes, o que no inicio era um laço de amizade começou a se tornar algo totalmente profissional. Por um lado era muito bom, a gente trabalhava com o que amava, mas pelo outro, a gente brigava muito. Mas era parte do processo.

Mesmo com tudo isso, o Charme Swing virou uma família, e até hoje todos os integrantes da formação principal mantem contato frequente. É uma amizade de mais de 20 anos, mesmo que cada um tenha tomado rumos diferentes na vida.

Thiago, Bruno, as gêmeas Vivian e Viviane, Daiana, Junior. Teve muitos outros integrantes em todas as formações desse grupo tão importante na vida de cada um. De 1999 até 2003 o Charme Swing esteve na ativa, e cada um tomou seu rumo. Mas eu e Junior tínhamos nascido para a Arte. A gente não ia conseguir parar de jeito nenhum.

Junior foi para a Angra dos Reis, Região dos Lagos, a 150 km da capital do Rio de Janeiro. E eu fiquei pela Capital mesmo. Até tentei ir para o Chile: Teve um período que estavam selecionando dançarinos de Lambaeróbica aqui no Rio para fazer trabalhos no Chile e em outros países da América latina, mas optei por estudar a modalidade. Eu apenas sabia subir no palco, fazer minhas caras e bocas. Era hora de ir mais fundo.

A partir de 2003, comecei a visitar aulas de Instrutores de lambaeróbica de outros bairros, até porque aprendi com Dona Marlene que é preciso respeitar as pessoas, nunca se sabe o dia de amanhã.

E foi em uma dessas visitas que fui em uma aula de Fabrício Costa, um convidado do Professor Junior (não era aquele Junior, já era outro Junior) que veio direto de Salvador, Bahia, para apresentar as novidades das aulas de Lambaeróbica.

Foi naquele momento que eu descobri que eu não sabia absolutamente nada sobre a modalidade, sobre a Dança de Rua da Bahia. Eu sabia era Performar no palco. Não sabia dar aula. E foi em um bate papo rápido com Fabrício Costa que soube da existência da Troupe Dance do Brasil. E passei a estudar os movimentos, as coreografias, direto da fonte.

Comecei a fazer contato com pessoas de Salvador via e-mails, escrevendo textos gigantes, para receber músicas e coreografias via correio. Mesmo que eu não estivesse dando aulas com frequência, eu queria continuar estudando, me mantendo informado, atualizado. Mas eu não imaginava que, quase 20 anos mais tarde, iria novamente ter contato com estas pessoas.

"9 meses pra você chegar

Invadir minha vida sem pedir para entrar

Me deixar em apuros que nem imaginava arcar

Sem você...

Dona do olhar!

Dona do olhar que faz meu corpo balançar...

Dona do tocar que faz meu coração dançar

Jamais vou te deixar

Jamais abandonar você...

Ah... Meu Amor!

Ah... Paixão!

Ágatha linda meu coração!

Minha vida, minha princesa, meu sorriso, meu sonhar

Dona do meu ar

Dona do meu coração..."

9 meses – Jhonny "Surdinho" Souza

08 – ÁGATHA

Fiquei um bom período afastado da dança como um todo. Os objetivos, naquele momento, eram outros. Estávamos falando de família. E foi tudo dentro do possível. E desse possível nasceu a única mulher que seria capaz mudar a minha cabeça por completo:

Ágatha.

Digamos que tudo o que tinha aprendido sobre o amor na vida era nada comparado ao que eu senti quando peguei a Ágatha no colo pela primeira vez. O sentimento de carregar algo que é sangue do seu no colo pela primeira vez na vida não tem explicação alguma, só se sente.

Tem algo muito curioso no meu relacionamento com ela. NUNCA precisei explicar absolutamente nada sobre comunicação. Sempre foi absolutamente natural: Ela entende, desde pequena, que eu preciso olhar os lábios dela para nossa comunicação ser efetiva, e mexe os lábios de forma harmoniosa para eu sempre estar lendo.

Em uma dessas apresentações de escola, teve uma que vale ser relatada. As professoras queriam fazer uma homenagem dos dias dos pais em um vídeo, com os alunos cantando uma determinada música, até que ela falou na sala de aula:

"Mas meu pai é surdo!"

Com apenas 6 anos de idade, ela soltou essa informação para as professoras e conseguiu fazer com que todo um processo sofresse não uma modificação, mas uma inclusão. Ainda que a LIBRAS não fosse minha primeira língua, a escola tendo esta "solução" a partir da preocupação da Ágatha deixa bem claro que ela veio ao mundo para reparar, ajustar o que falta a ser completo.

Desde o nascimento da bebê, até hoje, ela me ensina. Sem precisar dizer uma palavra, sem precisar me corrigir (e, confesso: ela tem motivos pra me corrigir sempre!) ela tá me ensinando.

E dando força. E me ajudando. E deixando bem claro para as pessoas quem sou eu. E SEM DESISTIR.

Te amo.

"AQUELE MOÇO DE CAMISA FLORIDA É MEU PAI! EU JURO QUE ELE É MEU PAI!"

(comentário da Ágatha em um vídeo que de dança eu participo no YouTube)

09 – PARTE DO PROCESSO

Viver de Arte. Sonho de todo artista. Mas no caso de um artista desabonado, de família pobre, que precisa colocar dinheiro dentro de casa, acaba virando uma bola de neve de problemas, se não conseguir encontrar uma solução. Então tive que achar uma solução. Não tinha jeito.

Fui de tudo um pouco nas fases do processo da vida. Empacotador de medicamentos, assistente de biblioteca, operador de máquinas de fábrica de pregos, dançarino de boate, figurante de novela, servente de obras, fotógrafo de eventos, de ensaios femininos, de Garotas de programa, enfim, fui tudo que dava dinheiro de forma honesta.

Mas trabalhar em Biblioteca foi como manter contato com a arte mesmo não estando trabalhando com ela. Foi dentro de uma biblioteca, catalogando livros e revistas, que conheci o trabalho do fotógrafo Mario

Testino (mais especificamente os retratos que ele fazia, minha paixão). Que, pela primeira vez, li sobre a história da arte. Foi onde li sobre a estranha epidemia de dança de 1518. Que eu passei a ler e gostar de mitologia grega. Que tive a honra de pendurar na estante umas das primeiras edições da Revista RAÇA.

E também foi onde, pela primeira (e talvez única) vez eu desenvolvi uma admiração, respeito e posteriormente uma amizade forte que dura até hoje com meu primeiro Superior imediato: O Zé Maria.

Zé era único. A frente do seu tempo. Talvez não saiba, mas também contribuiu, além do desenvolvimento profissional, no meu desenvolvimento interpessoal: Quando eu fui contratado, na cota de deficientes, era para trabalhar apenas dentro do estoque da biblioteca, sem contato comunicativo com alunos. Ele foi além. Me colocou no balcão para atender os clientes da biblioteca e fui forçado a desenvolver ainda mais a minha capacidade de leitura labial e processamento, entendimento de palavras.

Me ensinou a observar. Visualizar, entender o processo, aí sim, executar. Além disso tudo, ainda era um estímulo pra mim: Lembro que, após meu primeiro dia de trabalho, comento com minha mãe: "Meu superior, meu bibliotecário é Preto, mãe!" No dia seguinte, minha mãe pedindo para eu mandar um abraço a ele por ela, já sendo admirado pela minha família.

Zé maria já colocava seu nome na história da representatividade no inicio dos anos 2000.

Já eram aproximadamente uns 6, 7 anos longe da dança. E cada vez mais eu ia me afastando. Não me atualizava mais, a rotina era trabalho – cama – cama – trabalho. Dança virou algo totalmente fora da minha realidade, não havia mais tempo ou espaço para isso.

Até que morreu. (Pelo menos eu achava isso, né?)

Quando fiz meu primeiro ensaio fotográfico feminino, eu estava me sentido o fotógrafo mais sinistro, mais pica, mais fodão do universo. Afinal, eu, Jhonny, fotografei uma mulher e ela disse: "Tô linda!"

Aí o carinha aqui teve a excelente idéia (sim, excelente!) de pedir opnião de uma página onde tinham vários "Profissionais" de fotografia. Eu, com o Peito estufado, esperando elogios dos Profissionais, mas ninguém respondia. Nesse tempo eu já estava achando que era um bando de invejosos, que não comentavam minha foto pq estava muito linda. Quando de repente....

"- Tá horrível. Esse ângulo não favorece a modelo. Tá uma bosta." (Ok, a pessoa não usou exatamente essas palavras, ela foi mais fofa. Só um pouquinho.)

Fui olhar o perfil profissional da pessoa que fez esse comentário, suas redes sociais...

Era uma das fotografas mais solicitadas do Rio de janeiro na época. As melhores fotos eram as dela, fim. Não tinha nem como eu abrir a boca pra tentar rebater: Era Su Florentino.

Foi ali que nasceu uma amizade que mais pra frente seria um "Segura minha mão e vamos juntos."

10 – FOTOGRAFIA

2013, separado, me perdi, me joguei no mundo e passei a fazer algo que não fazia, até pq nunca gostei: Sair pra beber. Ir pra baladas, voltar pra casa de manhã bêbado e cambaleando pelas ruas. Para uns, era decadência pós separação. Na época, pra mim, também, era. Mas hoje entendo que era apenas parte do processo.

Em um desses eventos, observei um rapaz fotografando as meninas nos eventos. O rapaz lá, com a câmera na mão, apenas dava atenção para as meninas. Nada além disso. E tinham que estar bem vestidas, senão, ele passava batido. Era uma imagem única e exclusivamente estética. Fazia sentido. A intenção era vender o evento, né? Então passou.

Como eu já tinha um certo interesse em fotografia, desde a época da biblioteca, eu passei a acompanhar as redes sociais desses fotógrafos da noite e percebi que eram todos iguais. E, fotografando, nunca abriam um sorriso. Era a coisa mais automática da terra. Então perdi o interesse. Se fosse pra fazer algo que eu gostasse, tinha que ser sorrindo, ponto.

Voltei ao foco: Encher a cara. Beber muito sem ter noção do tempo. Até que um belo dia, nessas caronas sem juízo na cabeça na volta pra casa, o motorista que dirigia, tão bêbado quanto eu, quase bate em um caminhão.

Não bateu. Não me aconteceu nada. Nenhum arranhão. Mas aí me veio o seguinte pensamento:

" - Eu quase perdi minha vida por algo que, na verdade, eu nem gosto muito de fazer? (ir para balada, etc) Não, tá errado, vamos fazer algo direito!"

Comprei uma câmera para passar o tempo. "Vou fotografar paisagens!", eu dizia. Me limitei a fazer fotos das coisas dentro de casa, como uma caixa de fósforo, por exemplo, e muitas e muitas fotos da Ágatha.

Mas eu sempre gostei de fazer contatos profissionais, principalmente na área de organizações de eventos (naquela época o termo "Networking" não era popular no Brasil) e um dia acabei caindo em um evento que ele estava organizando em Padre Miguel, Zona Oeste do Rio de Janeiro.

Pedrinho Geladeira precisava de alguém para fotografar o evento. Um amigo me indicou, apenas por eu ter uma câmera fotográfica em casa. Lá fui eu, sem experiência alguma, clicar o evento do cara. Ele estava tão preocupado quanto eu, afinal, tinha um iniciante responsável por registrar o evento dele!

Lembro que eu fotografei de graça. Exatamente por este motivo, pensei: Ele não vai me pagar, tô criando portifólio, então, sai de baixo:

Eu vou ser eu mesmo! Jhonny tá de volta!

Eu trabalha da seguinte forma: Observava, por exemplo, um casal. De preferência, que não estivessem em grupo (chamariam mais atenção das outras pessoas eu dando atenção apenas a eles) e dizia, para a mulher, o seguinte:

" – Eu vou transformar vocês no casal mais foda desse evento! Me permite uma foto? "

A foto podia estar horrível. Mas aquele momento, aquela emoção, aquele "Up" na auto estima do casal que faria eles voltarem ao evento. Não a foto em si.

E foi exatamente o que aconteceu. O Jhonny deixou de ser o fotógrafo de eventos para ser quase uma atração dos pagodes e festinhas de adolescentes da Zona Oeste: As pessoas queria saber quem era aquele cara que estava sempre sorrindo, elogiando todo mundo, que vira e mexe subia no palco, dançava, fazia palhaçada pra todo mundo rir da minha cara, mas na verdade eu estava criando vinculo com a pessoa para quando passasse perto dela, no chão, ela automaticamente aceitar minha foto quando eu estivesse na frente dela.

Eu tinha aprendido essas técnicas quando estava na biblioteca. Livros de psicologia. Lembra que eu disse que foi um dos trabalhos mais importantes? Pois é.

Fiquei no ramo de fotografia de eventos até ter sido agredido por um frequentador alcoolizado. Um soco na boca. Ele alegou que eu estava de olho na mulher dele. Ossos do ofício. Nçao foi nada grave, mas já não me sentia mais seguro, feliz trabalhando neste ambiente. Broxei. Aí mudei o foco: Lembra do Networking? Como eu passei a fazer contato com mulheres bonitas, com modelos e aspirantes a modelo, logo eu estava atuando nos ensaios femininos. Para o ensaio de Nu e sensual foi um pulo.

Foi aí que me perdi. Comecei a fotografar de tudo, absolutamente tudo. Casamento, festa Infantil, Boates, Chopadas Navais, Ensaios Femininos, Ensaios De Moda, e tudo quanto era ensaio. Cheguei ao ponto de agendar 3 ensaios no mesmo dia e hora, em bairros diferentes. Perdi o controle, logo, também perdi a qualidade. Perdendo a qualidade, perdi clientes. E voltei a focar única e exclusivamente em ensaios femininos, após fazer um curso de edição de imagens com a Su Florentino, e aprendi mais que isso: Aprendi a fazer fotos atemporais, a trabalhar com a emoção. Minha fotografia, meu olhar, tudo mudou por completo. E a forma como eu valorizava minha arte também. Minha fotografia evoluiu, e com ela, a mentalidade em relação ao trabalho com a arte também.

É preciso estudar para evoluir como ser humano. Ponto. Reconhecer que ninguém sabe tudo é o primeiro passo.

Do inicio de 2014 até 2017 foi fotografia pura. Mas, se tá escrito... vai ser.

11 – IMPLANTE COCLEAR

Acho que foi em 2006 que eu li sobre Implante Coclear pela primeira vez. Foi um misto de curiosidade e de medo. Mas tipo MUITO medo. Cirurgia na cabeça? Que isso, mano!

Foram anos pesquisando sobre, mas pouquíssimos otorrinos e fonoaudiólogos conheciam a cirurgia. Até que eu soube que a cirurgia era feita em São Paulo. Tentei os caminhos que me apareciam, mas foi em vão. Me dei por vencido.

Dentro da Surdez, existe uma diversidade imensa. Temos os Surdos Sinalizados (Que fazem uso de LIBRAS como língua mãe), Surdo cego, Surdo unilateral, entre outros. E o meu caso, o Surdo Oralizado.

Como relatei aqui, eu perdi a audição aos 10 anos de idade. Eu já tinha uma cultura ouvinte instalada na minha vida: Eu era muito envolvido com música, com sons, etc, e minha família (leia-se minha mãe) optou por me manter oralizado, e fazer uso de tecnologias que atuassem na minha reabilitação auditiva. Existem famílias que optam por manter suas crianças inseridas na Cultura Surda, usando LIBRAS como Lingua materna, por exemplo, e não há absolutamente NADA de errado nisso. Absolutamente nada.

Não irei entrar em um debate em relação a questão Surdo X Deficiente Auditivo aqui pq não vem ao caso. Não é o objetivo desta obra. Recomendo pesquisar, conhecerem, e o mais importante, ENTENDEREM a Cultura Surda (que é rica e muito, muito linda, acreditem!) e tirem suas próprias conclusões, ok? Ok.

O Implante Coclear é um dispositivo avançado. Não tem comparação com um Aparelho Auditivo padrão, o A.A.S.I. (Aparelho de Amplificação Sonora Individual). Diferente do A.A.S.I., que trabalha amplificando o som ambiente, o

Implante Coclear, além de amplificar o som, ele envia ondas sonoras para o cérebro. Digamos que ele estimula o nervo auditivo a trabalhar. Com isso, a intenção é "reaprender" a ouvir. Por isso é tão importante a questão da memória auditiva: Como eu já ouvi uma vez, eu entendo o que é ouvir, logo, sou candidato ao Implante Coclear. Mas não depende apenas disso, são vários fatores que apenas uma equipe multidisciplinar especializada poderá dar um parecer se uma pessoa está apta ou não para fazer a cirurgia. Cirurgia esta que é inserido um "chip" com um fio de eletrodos na sua cabeça. Escrevendo assim, parece até agressivo, né? Nada. Faz a cirurgia e no dia seguinte já está em casa.

Tanto tempo pesquisando, e dessa vez já decidido em me submeter a cirurgia do Implante Coclear, em 2013 dou meu primeiro passo: cadastro. Mas apenas em 2016 eu teria a oportunidade de fazer a cirurgia. Hoje em dia está relativamente mais "fácil" fazer o Implante via Convênio, plano de saúde, mas na minha época (falou o velho do Rio) eu tomei um pau pra virar implantado.

Confesso que eu estava muito empolgado e criando expectativas, mesmo com a psicóloga da equipe dizendo, em todas as sessões, que cada caso é um caso. A primeira coisa que aprendi é que não devia me basear nesses vídeos fofinhos que a gente vê na internet de ativação de implantes, onde se ativa e é mil maravilhas, todo mundo chorando de emoção, sai ouvindo tudo e pah. Sim, tem pessoas que vão escutar / entender logo na ativação. Tem pessoas que não. E eu fui uma dessas pessoas.

Na ativação, quase dois meses depois da cirurgia, só ouvia ruídos. O Som era pior que o Aparelho Auditivo. As pessoas falavam e eu não entendia absolutamente nada. Só lembro de ter olhado pra cara do meu otorrino, da minha mãe e soltar um palavrão mentalmente. Mas eu já sabia a possibilidade, né? Acontece. Só que eu, Virginiano brasileiro que não desiste nunca, levei muito a sério o que a equipe que fez minha cirurgia me orientou: Seja Persistente.

Uns 4 meses depois da cirurgia, os sons começavam a ficar mais claros. Foi aí que tive a brilhante ideia de colocar músicas da época que eu ainda era ouvinte pra tocar. Cavar a memória auditiva na marra. E, pelo menos comigo, deu certo.

Hoje, em 2020, tenho 4 anos de implantado. Ainda faço acompanhamento, mapeamentos e treinamento com meus fonoaudiólogos e não pretendo parar tão cedo. Escuto os sons com muita nitidez em relação ao A.A.S.I., porém, a dificuldade de entender palavras ainda existe. Sim, teve uma melhora, mas foi leve. Cada caso é um caso.

Em 2016, fui contratado para fazer um aulão de lambaeróbica retrô. Então convidei uns amigos da antiga, entre eles, o Junior. Já não era mais o Cover do A.J., virou vocalista de um grupo de pagode. As voltas que o mundo dá, né?

Fim de aula, aquele bate papo, aquela resenha. Eu estava voltando a morar na Fazenda Botafogo, em Coelho Neto, e ele também tinha voltado. Já estávamos ambos com 36 anos, eu nem cogitava voltar a dançar, aí ele manda essa:

Tá sabendo de uns vídeos aí na internet que gente dançando coreografia? Já pensou se fosse na nossa época?

Fui enfático: Acorda, Junior, estamos velhos pra isso, já passou nossa fase!

Ele respondeu: Você ainda tem muito pra mostrar, Jhonny! Você é preguiçoso!

Preguiçoso.

Preguiçoso.

Esse eco ficou se repetindo na minha cabeça.

12 – JULHO DE 2017

Após o aulão retrô, eu e Junior voltamos a manter contato. Eu voltei a dar aula com coreografias autorais e ele também. Fazíamos algumas coreografias juntos, mas o foco do Junior estava mais para o trabalho como cantor. As aulas de dança eram mais um hobby, mas era um hobby que ele queria fazer direito.

Foi aí que pensamos em nos profissionalizar. E fomos pesquisar opções na internet. Até que vimos uns vídeos de uma galera toda bonitona dançando. A primeira coisa que eu disse: Isso aí é Lambaeróbica com gente bonita, tô fora! Mas não deu outra:

Não demorou muito: Era Junho de 2017 e estávamos indo fazer o curso juntos. Só que não mencionei para a organização do curso que eu tinha um problema de audição. E na época do curso, meu implante coclear estava em manutenção, então, eu já fui fazer o curso achando que seria reprovado. Tinha ido pela experiencia mesmo.

Era um curso pra se tornar Instrutor da empresa FitDance. Estava em ascensão absurda no Brasil, e eu achei que era apenas sobre dançar nos vídeos, mas não, era uma metodologia de aula. Melhor ainda, pq eu queria apenas ter coreografia para dar aulas. Beleza!

Estamos nós na fila de credenciamento, quando chega a minha vez, já dou logo um susto: Sou Surdo. Ninguém entendeu nada. Mas o curso já estava pago, entrei na marra. Junior me ajudou na parte teórica do curso, me explicando e escrevendo pra mim coisas que eu não entendia. Tudo fluindo muito bem. E passei a parte teórica toda com a sensação de que conhecia aquele Coach que ministrou o curso de algum lugar. Passada a parte teórica, fomos para a prática.

Entre tantos exercícios práticos, um em especial: tinha que executar uma mesma sequencias em vários ritmos diferentes. Como eu não me prendo ao estimulo auditivo, e sim ao visual, eu não tive problemas: Eu precisava apenas captar a Instrumental inicial. Pra isso, fiquei perto da caixa de som, e colocava a mão na mesma para sentir a vibração inicial, e ia executar o movimento.

O mais foda de tudo é que em nenhum momento, foi me dado uma folga pela falta de audição. Fiz os exercícios de igual pra igual.

Eu fui o primeiro aprovado do dia. "Você passou por competência!", disse o Coach que ministrou o Curso. Era Marcos Soares, o Marquinhos, que era integrante da Troupe Dance do Brasil. (Lembra que falei da Troupe Dance lá atrás?)

Também estava presente o Professor Júnior, que me presentou Fabrício Costa a quase 20 atrás. Foi aí que eu percebi: Eles continuaram. Então eu devo continuar também. Foi aí que decidi me aprofundar, e caí de cabeça no assunto FitDance.

Fui aprovado no dia e Junior foi aprovado posteriormente. Só que o foco dele era o canto. Continuamos juntos, um apoiando o outro, mas meu foco sempre foi dança. E me joguei. De Julho de 2017 até Novembro do mesmo ano, fiz tudo quanto era tipo de treinamento. Eu precisava me atualizar o quanto antes, eu estava com fome de informação. E em dezembro, aconteceu uma Convenção que reuniu Instrutores de todo o Brasil e da América Latina. E quem encontro, logo no primeiro dia, quase 20 anos depois? Fabricio Costa. E Todos os ex-integrantes da Troupe Dance, que nutro um carinho e respeito sem igual.

Teve um momento que foi solicitado depoimentos dos Instrutores. Eu não queria falar. Sempre fui caladão e tímido. Só que fizeram um golpe baixo: Vitor, Jéssica e Gaby, amigos que fiz no dia do Curso e estão comigo até hoje, vieram em bando pra cima de mim, e vem Jéssica e diz: VOCÊ VAI FALAR SIM! PEGA ESSE MICROFONE SENÃO TÚ VAI VER SÓ! (Obrigado, Jéssica!)

Tive que falar. Contei toda a minha história, com detalhes. Como perdi a audição, como isso me afeta no dia a dia, as estratégias que eu uso para dar aulas, enfim, falei tudo. Não me lembro de ter sido tão ovacionado na vida como fui naquele dia em Salvador.

Neste momento, nasceu o Surdinho Do Brasil, apelido que ganhei da comunidade FitDance nesta mesma Convenção de Instrutores. Apelido este que iria mudar por completo minha história dentro desta comunidade de Dança. Recebia mensagens de Instrutores de toda parte do Brasil e da América Latina dizendo que, de alguma forma, eu contribuí de forma positiva com a vida deles após meu depoimento em Salvador.

Começaram a as homenagens, Instrutores de todo o Brasil fazendo fotos com seus alunos tampando as duas orelhas, como se estivessem representando o "Surdinho", e acabou virando uma marca registrada. Profissionais de dança que chamamos "da antiga" vieram até a mim, prestando reverência e me chamando de

"Mestre Surdinho", me convidando para as aulas deles...

Eu estava dividindo minha vida entre um trabalho de Assistência em Arquivologia e aulas em uma academia a noite. Após essa convenção em Salvador, Bahia, assim que entrei no avião de volta para o Rio de Janeiro, eu disse pra mim mesmo:

Tá na hora de focar. Focar e Voltar. Com tudo.

E assim foi.

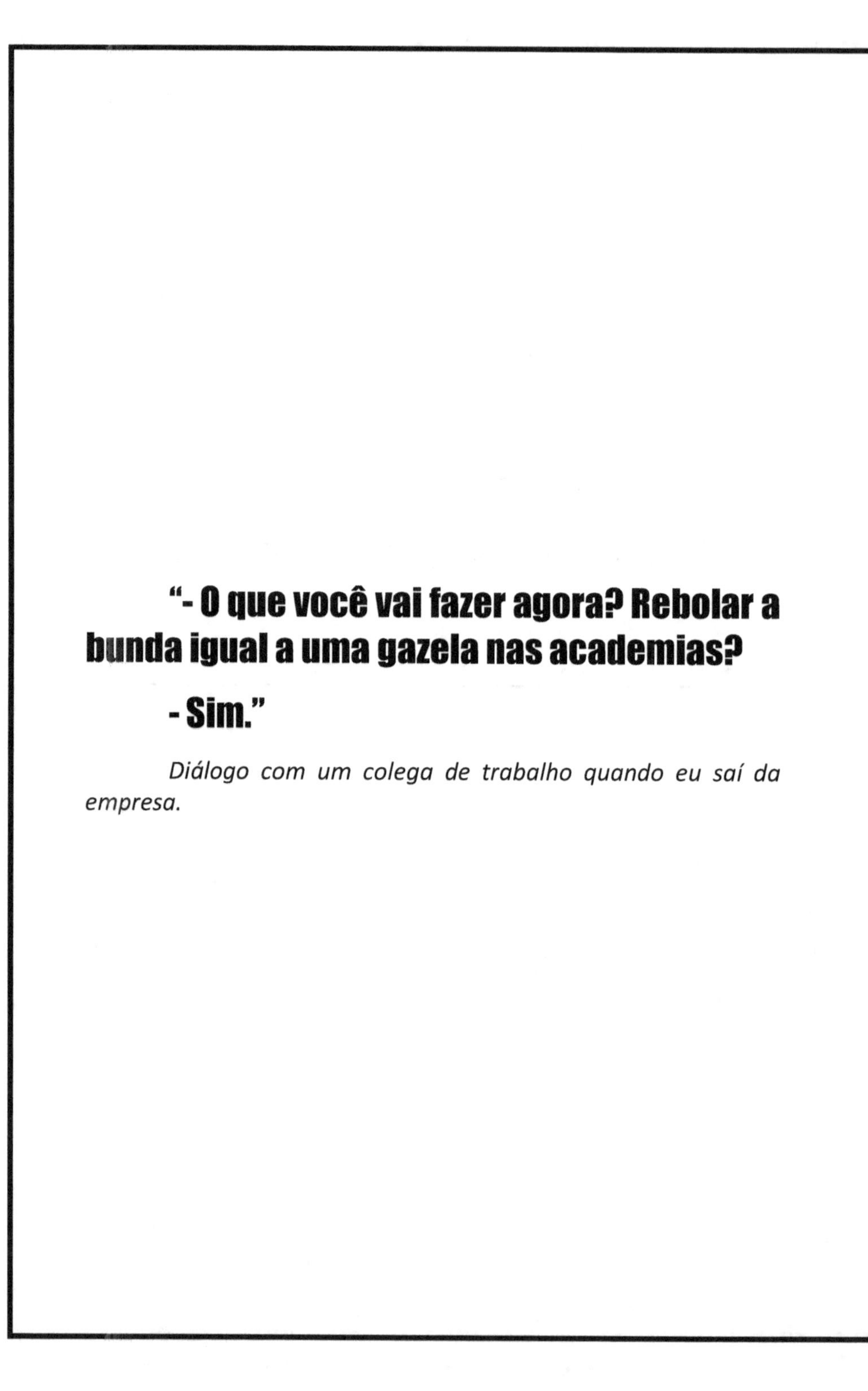

"- O que você vai fazer agora? Rebolar a bunda igual a uma gazela nas academias?

- Sim."

Diálogo com um colega de trabalho quando eu saí da empresa.

13 – ÁPICE

No primeiro dia útil do ano de 2018 fui trabalhar normalmente, eu sentei na minha cadeira, liguei minha estação de trabalho, que tinha a foto da minha filha, olhei pra foto e pensei: Eu não posso fazer isso.

Nesse período eu recebia, em média, 5 propostas de trabalho de diferentes academias por dia. Mas a segurança que a empresa me dava me impedia de fazer a "loucura" de, aos 38 anos de idade, voltar a focar a minha vida na disseminação da arte.

Mas era o que eu queria fazer. Me dedicar única e exclusivamente ao ensino de dança. A levar alegria a vida das pessoas nesse mundo conturbado que a gente vive. A ajudar os outros. Receber dinheiro por isso era uma consequência. Mas me faltava o essencial: coragem. Um empurrão, talvez.

O baile seguia com minhas rotinas, até que fui responsabilizado por um erro que não tinha nenhuma ligação comigo, com minhas funções. E como isso vinha acontecendo em

2017 com muita frequência (eu era o último na hierarquia da empresa), em um momento de explosão, solicitei meu desligamento.

Não vou negar, ao pisar do lado de fora da empresa como ex-empregado, engoli seco. Um desespero interno fora do comum. Só que eu tinha opções: Ou ficaria desesperado ou... la dançar!

Ainda em janeiro, uma semana depois, eu já tinha minha agenda lotada de segunda a sexta em academias do Rio de janeiro. E aos sábados me dedicava a treinamentos e aulas com Instrutores de Dança de outras modalidades, mais experientes. Era dança todo santo dia. Com mais frequência ainda do que a quase 20 anos atrás. A diferença era que a informação (músicas novas, coreografias, tendências) chegavam numa velocidade absurda. Então a necessidade de se manter atualizado era diária. E assim fui seguindo.

Até que, no fim de janeiro, soube de uma oportunidade em uma das maiores academias do Rio de janeiro. Eu pensei assim:

Ah, vou mandar meu currículo. Já sei que não vou ser escolhido para uma empresa deste porte mesmo, mas pelo menos vou tentar. Tentei.

Com meu currículo em mãos, o gestor me disse o seguinte: "- Eu estou apostando as fichas em você sem lhe conhecer. Pode ser um tiro no pé. Pessoas riram quando eu disse que estava pensando em colocar um surdo para colocar aula de FitDance aqui. Mas eu nunca erro. E quero contratar você."

Tinha tudo pra dar errado. Um antigo professor de dança deste horário que eu iria assumir tinha acabado de sair e era muito querido pela turma, A aula era quase as 7 da manhã, o acesso a academia, que era dentro de um shopping, era diferenciado. Mas algo me empurrava e dizia no meu ouvido, e eu escutava "mentalmente": Vai, FDP! Vai em frente!

Foram duas semanas com apenas uma aluna fixa na sala. Até que tudo mudou. No segundo mês, sala lotada as 7 da manhã. Uma das alunas tinha uma amiga ou parente, não lembro ao certo, que era jornalista. Enviou a equipe para a minha aula. Foi a partir deste momento que meus 20 anos ligados com dança explodiram.

"No ritmo da batida – Surdo dos dois ouvidos, professor de dança dá aulas em quatro academias."

Jornal O Globo – Coluna Sociedade – 12/03/2018

Foi o Start. Confesso que me assustei quando vi. Nesse dia, a comunidade FitDance ficou em alvoroço. Como podia, um cara que tinha acabado de chegar fazer tanto barulho assim? Mas eu não tinha acabado de chegar. Era apenas parte de um processo que começou lá em 1999. Mas era só o começo.

Passou uma semana da publicação da matéria no jornal, a poeira já tinha baixado. "Já devem ter esquecido", eu pensei. Minha rotina de aulas permanecia, até que um dia um atendente de um dos locais que eu trabalhava me manda um recado:

"Alguém da Globo ligou pra cá dizendo que queria falar com você."

Lógico que eu achei que era zoeira. Apesar de eu dar aula de dança, ainda tenho dificuldades de entender palavras, e todos que conviviam comigo sabiam disso. Eu não faço uso de telefone.

"Relaxa, deve ser alguém passando trote!" respondi para o atendente. E segui para a aula.

No dia seguinte, mesma coisa. (a aula era a tarde/noite e as ligações eram sempre pela manhã) Aí já comecei a entrar na zoeira. Deixei meu numero de celular com o atendente e disse: Pede pra pessoa me mandar uma mensagem de texto.

Quando acordo, no dia seguinte, uma mensagem dizendo que era produção de um programa e a apresentadora leu minha matéria no Jornal O Globo, vai falar de Surdez no programa e gostaria da minha presença.

A pessoa se identificou, fiquei naquela desconfiança de virginiano, pesquisei a pessoa no LinkedIn, confirmado: É real! Não é trote. Gelei. A produtora disse que era ao vivo. Gelei de novo. Mas eu disse: Bora. (Cheio de Medo)

Lá estava eu, ao vivo em rede nacional, Todo bonitão com uma calça preta rasgada no Joelho, Blusão branco de manga cortada, Bota branca, cabelinho na régua e sendo entrevistado pela Fátima Bernardes. Contando minha história, depoimento das minhas alunas, tudo muito lindo, até que... Lembra que eu disse sobre escutar os sons, mas não entender? Que tenho estratégias para dar aulas? Então...

Em programas ao vivo, tudo acontece muito rápido. E temos que respeitar cronograma, fato. Só que eu precisava conversar pessoalmente com a pessoa responsável pelo som. Precisava explicar para a pessoa como funciona minha audição, alinhar o script, etc... Apesar de eu dar aula de dança para ouvintes, eu não "funciono" como um ouvinte. E não consegui contato com ele para explicar. Alguém teve que enviar o recado. Quase deu merda na hora de dançar a música.

Pq "quase"? Pq minha amiga me salvou. Lembra da Jéssica que me ameaçou na convenção, em 2017? Ela me salvou me avisando que o áudio estava adiantado em relação a coreografia que eu estava fazendo. Aquele aviso silencioso, levantando a sobrancelha, indicando discretamente em que parte da coreografia estava. Pedi para ela ficar em um local estratégico na plateia pq eu sabia que, se eu não falasse com o responsável do som, eu teria problemas. E como a música começou a tocar em *fade-in*, que começa mudo e vai aumentando, eu não consegui identificar nada. Digamos que foi 1 segundo de atraso no início da coreografia, mas para quem trabalha coreografando, ainda mais sendo virginiano, é tenso.

Mesmo com um segundo de atraso na hora de colocar os convidados para dançar, deu tudo certo. Só que eu não tinha a real noção de que eu realmente iria impactar tanta gente.

Na saída do estúdio, pessoas falando comigo como se conhecessem a anos, falando devagar, para eu ler os lábios delas. Parece que o Brasil inteiro tinha visto Encontro com Fátima Bernardes naquele dia, naquela manhã. Voltei pra casa de metrô, como mais um dia comum, e me vem até vendedor de bala pedir pra tirar foto comigo. Celular vibrando o tempo todo com mensagens, e-mail bombando, marcações a rodo no Instagram, e eu começando a ficar assustado. Mas estava gostando muito disso tudo.

Foi apenas chegar em casa e recebi convite para mais algumas entrevistas, entre elas, uma feita pelo mago Vinícius Dônola. Eu estava sendo entrevistado pessoalmente por um dos jornalistas mais conceituados do país. Foi uma honra tão grande que até hoje, em 2020, eu vejo essa entrevista várias vezes. Ele mudou por completo a visão que eu tinha da minha história, me mostrando, num bate papo informal, fora das câmeras, o quão eu podia mudar a vida de muita gente.

Ele me apresentou o mestre Jaime Arôxa, que sinalizou pra mim os pontos ao meu favor que posso utilizar e desenvolver na dança, principalmente por ouvir pouco, a Geovanna Tominaga, que até batemos um papo sobre sentir a musica e a importância das vibrações, e a experiência mais fodástica de todas: Conhecer a Xuxa. Instruir uns passos de dança para a Xuxa.

A Xuxa, senhoras e senhores.

A Xuxa!

Graças a toda essa mídia, fui convidado a ser um dos personagens do projeto #SurdosQueOuvem, uma parceria entre blog Crônicas da Surdez, da Paula Pfeiffer e o Facebook. Um dos projetos mais significantes que participei, que reuniu 12 surdos usuários de tecnologias auditivas que "saíram do armário da surdez", estimulando outras pessoas a se aceitarem com sua condição. Esse projeto fez eu me destacar não apenas dentro da comunidade FitDance, mas também, na comunidade Surda e entre Deficientes Auditivos de todo o Brasil. Visitei vários estados do Brasil contando minha história como palestrante e, é claro, fazendo o povo mexer o esqueleto dançando.

Como todo esse destaque, somado ao trabalho que fiz com a disseminação da dança, fui notado pela FitDance, sendo convidado para posições na empresa que me ajudaram a colaborar ainda mais com a dança como um todo: Fui Staff dos instrutores no Rio de Janeiro (Responsável por multiplicar conhecimento dentro da comunidade), e logo depois nomeado Coreógrafo da empresa e também Mentor FitDance (Responsável por orientar novos trainee's na comunidade).

Ainda tive oportunidade de participar de Reality Shows como coreógrafo e também jurado. Tudo em prol da disseminação da arte e da alegria das pessoas. Estava em êxtase, trabalhando, viajando todo fim de semana e ajudando pessoas fazendo exatamente o que mais queria na vida: Dançando e fazendo dançar.

Tudo isso fez eu me tornar referência dentro da comunidade, mas não foi de um dia para o outro. Começou lá atrás, quando fui morar no "Suvaco do Bode" e estava "rebolando com um monte de meninas".

A questão é que, desde aquele tempo, eu já fazia as pessoas se divertirem e serem felizes. Mas tudo na vida tem 3 fases:

Ascensão, apogeu e queda.

"Prego que se destaca leva martelada na cabeça"

Frase muito usada por Ramdel Caldas e Professor Júnior, amigos da Gestão da FitDance no Rio de Janeiro

14 – MARTELADA

Tudo corria bem em 2019. A missão era manter o ritmo das aulas, continuar estudando para evoluir não apenas dentro da modalidade, mas também na dança em si. Alimentei a idéia de prestar vestibular para faculdade de Dança no Rio, estava viajando pelo Brasil palestrando sobre minha surdez, dando aulas em outros estados (Passei por Caxias do Sul, Porto Alegre, Curitiba, 4 vezes em São Paulo, Salvador, Brasília) e estava realizado, até pq nunca tinha pensado em dar aulas fora do Rio de janeiro.

Com tudo isso acontecendo, várias oportunidades e possibilidades aparecendo, comecei a alimentar também um sonho desde a época de casado: A festa de 15 anos da minha filha.

A modalidade de dança com qual eu trabalho tem, como objetivo número 1, a diversão. É uma aula bem organizada, definida, tem um padrão. Não trabalhamos, por exemplo, com BPM (batidas por minuto), até pq não é uma aula onde prometemos condicionamento físico. É emoção. É troca, energia. É arte. E o subproduto, a coreografia.

A questão é que estávamos fazendo muito, muito, muito sucesso. E tudo que faz sucesso e muda a vida das pessoas de forma positiva, incomoda. E não foi diferente.

Dia 29 de Abril (Que por acaso é o dia Internacional da Dança), tive minha aula interrompida, educadamente, por um Órgão privado. Fui acusado de estar proporcionando condicionamento físico sem ser profissional licenciado para tal. Mesmo apresentando documentos que comprovavam que eu estava apenas proporcionando diversão e disseminando arte, a acusação aconteceu.

Lembro que, no dia, o Órgão solicitou a presença de policiais para me encaminharem até a delegacia para dar andamento ao processo e ser fichado, porém, como chovia muito no dia, os policiais demoraram a chegar, os fiscais do Órgão se retiraram, mas eu fiz questão de ficar lá até os oficiais chegarem. Chegando, expliquei detalhadamente o que aconteceu. Fui liberado. Mas a partir daquele dia, as coisas não seriam mais como antes. Como já era tarde da noite quando cheguei em casa, e sabendo que quando eu acordasse tudo estaria de cabeça pra baixo, eu optei por me jogar no sofá da sala, ligar a Televisão e maratonar "Os Simpsons". "- Amanhã eu entro em desespero, bora descansar um pouco que o dia foi tenso!", pensei.

Meus advogados trabalharam em um mandado de segurança, que foi aceito pela justiça em menos de duas semanas. Mas isso não bastou: Eu virei um "marketing negativo" para os estabelecimentos que me contratassem na época. E isso me levou a demissão de 4 academias em que trabalhava com uma média de 3 turmas em cada estabelecimento. Eu estava atuando em duas das academias mais conceituadas do Rio de janeiro, somado a divulgação nas redes sociais do órgão, a notícia se espalhou bem rápido. Eu tinha turmas particulares que também optaram por cancelar contratos comigo.

Confesso que teve momentos que até mesmo eu achava que estava errado. Mas aí eu olhava pro espelho, via aquele reflexo de um negão tão lindo que tinha ajudado tanta gente na vida e dizia: Segue em frente, Negão!

Recebi apoio de pessoas que nunca imaginei na vida. De pessoas e gigantes da dança de vários pontos do Brasil. Pessoas de modalidades diferentes aqui no Rio de janeiro me dando apoio moral, me mandando mensagens confortantes, até chocolate ganhei. Aproveitei o tempo livre para me dedicar mais ao cargo de Staff na FitDance, estudando para tentar, da melhor forma, disseminar o que aprendi para os instrutores do Rio de janeiro. Com isso, acabei ganhando oportunidades para fazer cursos e participar de eventos na sede da FitDance, em São Paulo.

Acredito que, de alguma forma, acabei também estimulando outros Instrutores dentro da empresa. Mesmo com a porrada eu estava ali, seguindo, acreditando no propósito de ajudar as pessoas. Eu nasci pra isso, ponto. Ganhei ainda mais respeito de membros da comunidade no Brasil, América latina e, agora, Europa. (Lembra que a modalidade estava sucesso? Então...)

O Tempo passou, o mandado de segurança venceu em todas as instâncias, mas não adiantou muito.

O prego se destacou e, ao invés de tomar várias marteladas, ganhou uma marretada gigante. Daquelas pra quebrar concreto. E estava bem difícil conseguir tirar a cabeça do prego pra "tirar ele do buraco" novamente.

Mas algo tinha que ser feito. Só não sabia exatamente o que.

Ah, sim. Eu fiquei falido e sem dinheiro. Mas não é o foco do livro não, bora pra próxima parte do processo!

15 – Persistência

Naturalmente, quando você sai da sua zona de conforto de forma ríspida, você se desespera. Até me arrisco a dizer que, em determinados casos, você chega ao fundo do poço. Mas é exatamente lá, no fundo, com adrenalina a mil, que você dá opções para sua cabeça ir além. Você começa a pensar fora da caixa, até pq aceita qualquer tipo de pensamento como possibilidade de solução para um problema.

Durante esse período sem aulas (consegui manter uma turma apenas) me dediquei muito a estudar. Voltei a rotina de viagens, já que também trabalho em parceria com uma empresa de Implante Coclear, e me senti na necessidade de aprender um pouco mais sobre networking e realizar palestras marcantes.

E isso me levou a consumir vídeos. Só que para eu entender vídeos, eu precisava de legenda. Leitura labial nos vídeos não me ajudava. As legendas automáticas de canais na internet, normalmente, as legendas não condizem com a fala. Então eu tive que dar um jeito. Ou eu voltava os vídeos trocentas vezes para entender uma palavra apenas, ou pedia alguma alma caridosa para escrever pra mim o que foi dito no vídeo, etc.

Até que me deparei com um vídeo que era um trecho do filme "Fome de Poder", que conta a história do McDonald's, que dizia o seguinte:

"Nada no mundo pode superar a boa e velha persistência

O talento não supera: não há nada mais comum que talentosos fracassados

A genialidade não supera: um gênio desconhecido é praticamente um clichê

A educação não supera: o mundo está cheio de tolos educados

A determinação e a persistência são muito poderosas

Mostre que você não pode ser derrotado por nada, que tem paz interior, uma saúde incrível e uma energia forte constante

Se você buscar viver essas coisas todos os dias, os resultados serão óbvios para você

Por mais que possa parecer uma fantasia, cabe a você criar o seu próprio futuro

A maior descoberta de minha geração, é que os seres humanos podem mudar as suas vidas, mudando o seu modo de pensar; ou como alguém afirmou: "o homem é o que ele costuma pensar durante todo o dia."

Fome de Poder – The Founder (2016)

2019 já estava acabando e eu perdendo tudo que tinha conquistado. Eu precisava fazer algo. Eu precisava pensar. O desânimo já estava afetando minha saúde mental (não costumo entrar em detalhes sobre isso, mas perdi a audição com 10, anos, criança ainda tire suas próprias as conclusões aí, se vira!) e bolei uma estratégia: Tudo que for um problema, mesmo que não seja meu e eu ter conhecimento deste problema, eu vou anotar em um caderninho e, ao lado, vou escrever possibilidades e ideias de soluções para os problemas. Vai ser meu novo hobby. Focar na resolução dos meus problemas e me preparar para problemas que nem imagino que podem acontecer comigo.

Até que no fim de 2019 recebi um convite para participar de uma gravação em São Paulo. Na folga das gravações, fui visitar um amigo surdo, para um papo descontraído e tomar uma cerveja. Até que o assunto educação entrou na pauta. E ele me disse:

"– Eu não compro alguns produtos em vídeo, mesmo que eu queira comprar, pq eu não entendo nada! Não tem LIBRAS, não tem legenda, não tem acesso à informação, eu vou comprar pra quê? Pra jogar fora?"

O álcool já estava subindo a cabeça, mas tive tempo o suficiente para escrever no bloco de notas do meu celular:

" se falta Informação, dê informação!"

Acordei no dia seguinte e fui para mais um dia de gravação, que por sinal, era o último. Pausa nas gravações, do dia, hora do almoço: Televisão ligada de longe, sem legenda apenas com uma caixa de Interprete de LIBRAS. Ninguém, do grupo que estava comigo (todos ouvintes), entendia o que era dito na TV. No mesmo restaurante tinha um casal de surdos almoçando. Como eu tenho um conhecimento básico de LIBRAS, eu percebi (olha o fofoqueiro prestando atenção na conversa dozotro!) que eles estavam debatendo sobre o que era dito pela intérprete de LIBRAS.

Eu disse em voz alta, ali no meio da galera: "- Pq diabos eu não pensei nisso antes, SAMERDA????"

Ninguém entendeu nada, mas eu também não expliquei. A questão é que eu me toquei em fazer o óbvio: Uma aula de dança para surdos onde o foco era informação.

Nascia ali o #SurdosQueDançam, um formato de aula específico para surdos, onde LIBRAS é a primeira língua.

A persistência em continuar atuando com dança me levou a criar um projeto que novamente me faria viajar para alguns estados do Brasil, e para um público diferenciado. Não com o mesmo glamour de antes, porém, com a mesma vontade de crescer novamente. É o poder da persistência.

Mas aí veio o COVID FDP e...

16 – PANDEMIA E AUTOCONHECIMENTO

Quando o COVID-19 chegou, mudou os planos de todo o planeta. Eu estava preparado para retomar minhas aulas presenciais pós carnaval, com turmas de surdos e de ouvintes, após um longo período sem um puto de um real no bolso, eu ia voltar com tudo. Tomei no fiofó.

Como 95% dos brasileiros, também entrei em desespero. Não sabia o que fazer. 3 primeiros meses dentro de casa era a ordem, então, as lives bombaram. Fiz a primeira live com aula de dança, deu certo, foi legal, divertido... Mas meu pensamento estava diferente em relação a propagação de informação.

Eu queria Surdos e Ouvintes participando das minhas lives de igual pra igual. Eu defendo com unhas e dentes a inclusão e adição de legendas e interpretes nas redes sociais, então não teria lógica eu continuar fazendo uma live que não fosse inclusiva. Estava pesquisando valores dos serviços de legendas, interpretes, e no momento, estavam fora da minha realidade. Sem dinheiro, como nome um pouco quebrado, as parcerias sumiram...

Até que fui contratado para fazer uma live comercial em parceria com uma empresa de cosméticos. Nesse caso, eu consegui uma parceria com a Intérprete Mariana Lima e uma empresa de Estenotipia (legenda ao vivo). E fui responsável pela a única live de aula de Dança no Brasil que teve, ao vivo uma Intérprete de LIBRAS e legendas simultaneamente.

Mas os problemas de comunicação continuavam. A informação, os cursos, tudo estava concentrado nas lives. Não estava fazendo nada, né? Queria estudar também. Passei a assistir algumas, até que percebi que, de todas que eu assistia, maioria sem entender nada, as do Mestre Zig, que é meu amigo pessoal, eu conseguia ler os lábios. Ele naturalmente já fala devagar, e o formato dos lábios dele são de fácil leitura. Então passei a acompanhar. E com isso, também acabei percebendo que o entendimento de palavras ia melhorando conforme eu via os vídeos gravados repetidamente.

Em um desses vídeos, aprendi que o que faltava era eu fazer o ÓBVIO.

Era uma questão de começar a fazer. Simplesmente tocar o barco, dar o primeiro passo. O resto vem. E foi o que aconteceu.

Comecei a criar uma plataforma de dança totalmente voltada aos surdos e deficientes auditivos, o 5incronia. Mais uma vez, a Dança seria um subproduto: o propósito do projeto é unir toda a Diversidade Surda, através da dança, compartilhando o óbvio: Informação.

Assistindo um Documentário chamado "Crip Camp", aprendi que revoluções acontecem quando minorias resolvem unir forças. E é exatamente esta a missão do 5incronia. Começar uma revolução, com dança.

Consegui muitos voluntários para começar este projeto, porém, não consegui dar continuidade. AINDA.

Quando começaram a liberar determinados comércios aqui no Rio, procurei Su, a fotógrafa. Eu precisava de novas imagens para divulgar nas minhas redes sociais, e como sou fotografado por ela a anos, tinha de ser ela. Só que eu não esperava também receber um convite para retornar aos trabalhos com fotografia.

Decidimos montar algo. Mas não sabíamos o quê. Após varias reuniões, decidimos: Bora criar ShottingDays com mentoria e direcionamento para redes socias para quem precisa!

Su Florentino é Master Coach com experiência em PNL. E nas nossas reuniões concluímos que poderíamos, de alguma forma, ajudar profissionais de vários ramos não apenas com sua autoimagem na internet, mas também orientando como se vender, nas redes sociais. A internet já dominou o mundo e se você não for vendedor na internet, será consumidor. E ponto. O evento foi um sucesso, e mais um produto que criamos para nosso portifólio.

Suellen é a pessoa que mais me ajudou no período da pandemia. Eu sou surdo, ela fala pra cac%¨t# , então acredito que a gente se dá bem por isso. Tenho a sorte de ter Su como amiga e mentora, e ela abriu minha cabeça para possibilidades. Entre elas, o Autoconhecimento. Comecei a observar, entender, refletir sobre determinadas coisas que fiz, que faço. O que ganhei, o que perdi. O que aprendi, ensinei. O que ganhei, compartilhei. Tudo é processo. A vida é uma caminhada sem tempo determinado ao fim e até esse fim chegar, tudo é processo. Sempre há tempo para inserir mais detalhes ao processo.

Foi aí que comecei a dar atenção a determinadas coisas que nunca me interessei na vida, como minha saúde mental. Hoje faço terapia e vem sendo essencial para me manter em equilíbrio comigo mesmo. Hoje eu me aceito realmente como sou, coisa que, durante o processo, eu não aceitava. Queria ser alguém que não era, e nunca foi por mim: Sempre foi pelos outros. Pelo que os outros pensariam de mim. Para eu ser aceito.

O autoconhecimento faz a pessoa se amar, se aceitar, e viver o processo como ele é.

Como eu sou.

Sou Jhonny "Surdinho" Souza, 40 anos com rostinho de 28, Coreografo, Mentor, Instrutor de Dança, Fotógrafo, Palestrante, Empreendedor, Carioca, Multiplicador do Pertencimento, Surdo, Deficiente Auditivo, Surdo Que Ouve, Surdo Que Dança, O cara que faz você sorrir, Filho da Dona Marlene e Pai da Ágatha. Ah, também sou chato pra Car%$¨& e virginiano perfeccionista.

E isso tudo é apenas parte do processo.

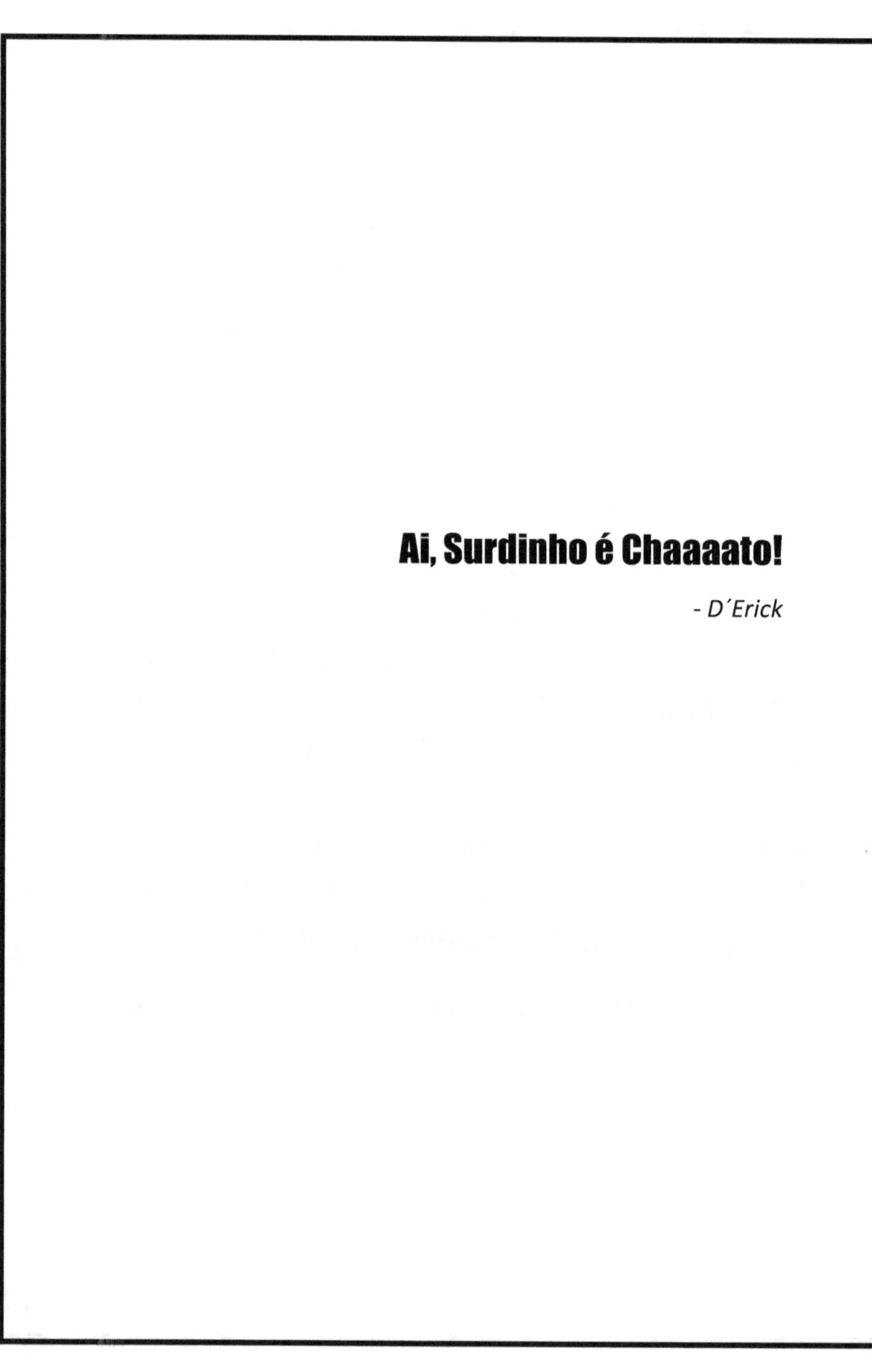
Ai, Surdinho é Chaaaato!

- D´Erick

17 – VOCÊ PODE

A gente já chegou ao fim da minha autobiografia. Eu só quis continuar escrevendo pra te lembrar que você pode ser o que quiser.

A maior verdade da vida é que a única pessoa responsável pelas suas vitórias, é você.

A única pessoa responsável pelas suas derrotas, é você.

Se não deu certo, a culpa é tua. Única e exclusivamente sua. Aceita e segue.

Faz parte do processo fazer merda. Até pq é fazendo merda que se aduba a vida.

Vá e Dance, meu povo! Beijo no ouvido de vocês. Mas sem estalo! Além de ser horrível, faz mal a saúde auditiva.

www.ingramcontent.com/pod-product-compliance
Lightning Source LLC
Chambersburg PA
CBHW070910160726
48004CB00003B/1316